QUELQUES MOTS

SUR

UN ÉLÈVE DU PENSIONNAT SAINT-JOSEPH.

QUELQUES MOTS

SUR

UN ÉLÈVE DU PENSIONNAT St-JOSEPH

DE TOULOUSE

PAR UN DES PROFESSEURS DE LA MAISON

TOULOUSE

TYPOGRAPHIE D'AUGUSTIN MANAVIT

Rue Saint-Rome, 25

—

1855

La vertu, quelque modeste qu'elle soit, a droit à nos hommages; plus elle se dérobe à nos regards et plus elle mérite de les fixer. Elle se révèle plus belle à nos yeux lorsqu'elle apparaît à l'horizon de la vie et qu'elle charme l'enfance pour lui ménager plus tard les plus douces consolations; elle est digne de tous nos respects.

Cette vérité n'avait point échappé à l'ancien monde, et l'on connaît la maxime célèbre du poète latin : *Maxima debetur puero reverentia.*

Le Christianisme, qui est venu relever la nature humaine, a ennobli l'enfance; et les premières bénédictions du divin fondateur de la Religion ont été pour ceux qui devaient en perpétuer les doctrines.

Qu'a-t-on entendu faire en écrivant ces quelques lignes ? Bien peu de chose sans doute : un livre, une brochure, une biographie ; mais où en sont donc les éléments ?

On n'a pas voulu laisser descendre dans la tombe un élève-modèle qui s'est à peine assis au banquet de la vie, et plus tard s'est éteint dans la pratique de la vertu.

De la pierre tumulaire qui recouvre ses restes il va s'échapper quelques accents entendus de quelques amis seulement. On a voulu jeter quelques roses effeuillées sur une existence prématurément ravie à l'affection d'une famille chérie et de maîtres qui rivalisaient pour former cette jeune et précieuse intelligence. Un autre motif anime l'auteur de ces lignes : appartenant lui-même au Pensionnat, il ne peut dissimuler qu'en donnant ainsi une certaine publicité aux faits biographiques des élèves les plus remarquables, il en a recueilli les meilleurs fruits. Tous les élèves ont cherché des inspirations dans le sentiment d'émulation qui devait les animer. La plus heureuse rivalité a confirmé l'opinion des maîtres et des élèves.

Les lecteurs ne verront dans ces lignes que quelques pages échappées au cœur, destinées à provoquer de nouvelles larmes que la Religion et les espérances qu'elle inspire doivent bientôt sécher.

Nous ne sommes donc rien autre chose dans ce récit que modeste narrateur des faits qui nous ont été rapportés ou dont nous avons été nous-même le témoin lorsque le jeune élève fut confié à nos soins.

Il faut nous lire dans le même esprit dans lequel nous écrivons. Précepteur de la jeunesse et de l'enfance, nous devons aimer à lui rendre hommage, car nous savons bien que de l'éducation actuelle dépend l'avenir de la Société.

QUELQUES MOTS

SUR

UN ÉLÈVE DU PENSIONNAT SAINT-JOSEPH

DE TOULOUSE

I.

Firmin Moulet naquit à Labastide d'Anjou, dans le département de l'Aude. Ses parents avaient toujours édifié cette petite ville par leurs vertus héréditaires et par leur inépuisable charité. M. Moulet, chef de cette famille respectable et maire de la Labastide, a su particulièrement faire bénir son nom et se montrer en toute circonstance digne de la confiance et de l'estime dont il est entouré. Il fut récompensé du bien qu'il a fait, Dieu se plut à bénir son union par la naissance de cinq enfants qu'il eut d'une épouse pieuse. Firmin, le troisième d'entre eux, vint au monde en 1834, le 4 août, jour où l'Eglise célèbre la fête de saint Dominique.

Cet enfant, dès le berceau, fut entouré des soins de la plus tendre sollicitude. Son père aimait à contempler en lui l'héritier de son nom et se berçait dans la douce espérance de le voir un jour riche des biens de la fortune, mais principalement héritier des vertus qui étaient en honneur dans sa famille et à la pratique desquelles Dieu a seulement attaché ici-bas le bonheur. Sa mère ne pouvait se lasser de le tenir dans ses bras et de reposer sur lui ses regards avec une indéfinissable expression de tendresse. Dieu reconnut cet amour maternel par une faveur insigne. Un jour, par une de ces imprudences que l'homme le plus sage ne songe pas toujours à prévoir, on endort le jeune Firmin dans son berceau et on le laisse seul dans une chambre fermée où brûlait encore du charbon. Sa mère est en ce moment retenue loin de son fils par quelques occupations; dès qu'elle les a terminées, elle s'empresse de rentrer à la maison et de courir à la chambre où repose Firmin pour voir de nouveau son enfant et l'embrasser; elle s'approche sans bruit du berceau. O douleur! Firmin, qui paraissait dormir d'un sommeil profond, ne donne aucun signe de vie; sa figure est calme, mais d'une pâleur effrayante, sa respiration est arrêtée et le pouls insensible. Mme Moulet, en proie à la plus pénible anxiété, prend son fils dans ses bras et le presse contre son cœur comme pour lui donner une seconde fois l'existence. Vain espoir! l'enfant reste toujours insensible et glacé par le froid de la mort. Sa mère porte, suspendue au cou, une médaille miraculeuse dont un pieux missionnaire lui avait fait présent, le souvenir de ce pieux don ranime sa confiance; elle sait que plusieurs guérisons ont été obtenues par le simple contact d'une médaille semblable; elle veut à son tour s'en servir; mais au lieu d'en dénouer le cordon, elle le coupe, tant elle a hâte de placer sur son fils cette image vénérée de la plus miséricordieuse des mères. Firmin, dès que la médaille repose sur sa poitrine, ouvre les yeux et les porte sur sa mère avec une indicible expression de béatitude. Cette pieuse femme ne peut alors retenir les transports de sa reconnaissance et de sa joie; elle appelle son époux et lui raconte, baignée de larmes d'attendrissement, comment leur enfant avait été rendu à la vie. M. Moulet s'empresse d'ouvrir les croisées pour renouveler l'air vicié de la chambre; toute la famille tombe ensuite à genoux pour témoigner sa reconnaissance à la Très-Sainte-Vierge et lui consacrer l'enfant qu'elle vient de conserver à la vie.

Firmin, depuis ce premier accident qui mit ses jours en péril, fut plus que jamais entouré de précautions. Dès qu'il put bégayer quelques mots, on lui apprit à répéter souvent le nom de sa céleste bienfaitrice, qu'il devait plus tard choisir lui-même pour patronne et seconde mère. Il avait sans cesse depuis sur les lèvres le nom de MARIE et portait sur son cœur l'image de cette auguste Reine des anges. Cette filiale dévotion à la Très-Sainte Vierge, commencée au berceau et entretenue ensuite par les soins de vertueux parents, le suivit jusqu'à la tombe et fut constamment pour lui une source intarissable de consolations intérieures.

Firmin n'avait encore que six ans lorsqu'il fut placé à l'école de Labastide. Les premiers jours où l'enfant est assujetti à la discipline d'une école sont ordinairement tristes et ennuyeux; l'écolier pleure la liberté dont il jouissait à la maison paternelle; il ne se livre à l'étude aride et monotone des premiers rudiments de lecture ou de calcul qu'avec un profond dégoût dont un maître ne le guérit qu'autant qu'il peut, par sa douceur, sa patience et son habileté, lui faire oublier les joies du foyer domestique. Firmin n'éprouva point cet ennui ; il fut heureux, au contraire, de trouver, dans l'obéissance à son maître, un moyen facile de remplir la volonté de ses parents ; son application lui fit faire de rapides progrès qui le placèrent bientôt au nombre des premiers élèves de sa classe.

Lorsqu'il sut lire avec facilité, il quitta la plupart des amusements de son âge ; dès-lors on le vit rarement se mêler à ses bruyants compagnons pour jouer avec eux ; le goût de l'instruction se développa chez lui de très-bonne heure ; son plus grand plaisir était de chercher la solitude, de se réfugier à l'ombre d'un arbre ou dans les allées du jardin pour y jouir des charmes de la lecture. Et cependant les livres dont pouvait disposer cet enfant n'étaient point nombreux, mais ils renfermaient l'aliment précieux dont il aimait surtout à nourrir déjà sa jeune âme. Ce n'était point des fables, des histoires, ni toutes ces gracieuses et légères bluettes écrites pour l'enfance, qu'il désirait principalement ; de pareils ouvrages n'avaient aucun attrait pour lui. Cet enfant de bénédiction n'était heureux que lorsqu'il pouvait prendre un des livres de piété dont se servait sa mère ; il en lisait et relisait les pages, toujours avec une nouvelle avidité, et ne pouvait point comprendre qu'on se passionnât pour des lectures profanes ou frivoles lorsque les livres de religion remplissent l'âme d'un bonheur si ineffable et si pur.

C'est aussi à cette époque que commença à se développer dans Firmin cet esprit de charité qui depuis l'a rendu si cher aux pauvres et aux malheureux de Labastide d'Anjou. Parmi les enfants qui fréquentaient avec lui l'école, il s'en trouvait quelques-uns appartenant à des familles privées de tous les biens de la fortune ; ce furent les premiers sur lesquels il répandit les bienfaits de sa générosité. Tantôt il leur distribuait l'argent qu'il avait reçu lui-même en récompense de sa sagesse, d'autrefois il leur fournissait les livres ou autres objets classiques dont ils avaient besoin ou cherchait même à changer, par des habits décents, les haillons dont ils recouvraient leurs membres amaigris. Un jour, se trouvant à table avec ses parents, il mangea à l'ordinaire, mais vers la fin du repas, il prit le plus beau pain qu'on avait servi sur la table et en coupa un gros morceau. Pourquoi coupes-tu ce pain? lui dit sa mère. Tu ne pourras pas le manger. « C'est vrai, répondit l'enfant avec une admirable candeur, « car j'ai dîné; maintenant je viens de choisir la part des « pauvres. J'ai des compagnons en classe qui n'ont presque « rien à manger; ils souffrent beaucoup, je le vois facile- « ment sur leurs figures et cette vue me fait mal au cœur: « tous les jours je veux leur porter quelque chose lorsque « je devrais m'en priver moi-même. » Admirables paroles dans un enfant de huit ans ! Qu'eureux sont les pères et mères qui savent inspirer de pareils sentiments à leurs fils !...

Peu de temps après, Firmin mérita par sa sagesse d'être choisi, par M. le Curé, pour servir à l'autel en qualité d'enfant de chœur; ce choix honorable ne fit qu'augmenter sa piété et son amour pour toutes les choses saintes. Quoique fort jeune encore, il comprit parfaitement les devoirs que lui imposait sa charge; loin de ressembler à ces enfants nombreux que l'habitude de servir à l'église rend légers et dissipés pendant les solennités religieuses, il se tint au contraire avec plus de recueillement et de piété. On était édifié pendant les offices divins de voir le nouvel enfant de chœur: sous son aube blanche il paraissait un ange de candeur, de modestie et de ferveur. Dieu, pour le récompenser de sa vertu précoce, le combla de faveurs spirituelles. Firmin put dès-lors dire en toute vérité avec le Sage (1) : Dans ma première enfance, *« j'ai cherché la sagesse ; je l'ai demandée au Seigneur dans mes prières ; c'est pour l'obtenir que j'ai prié dans le temple, et j'ai dit : Je la chercherai jusqu'à la fin de ma vie. C'est pourquoi elle a fleuri en moi comme un raisin qui mûrit avant le temps, et mon cœur s'est réjoui en elle, et j'ai beaucoup profité en suivant ses conseils. »*

Firmin ne put longtemps continuer ses études à Labastide, son intelligence et sa position sociale exigeaient une éducation plus complète que celle qu'il pouvait y recevoir. Il fut donc résolu qu'on le placerait dans un collége. Dieu avait épargné à Mme Moulet les regrets et les craintes que peut inspirer à une excellente mère le départ d'un fils dont elle a formé le caractère et surveillé la vertu croissante : il avait déjà appelé à lui cette épouse vertueuse et l'avait récompensée des mérites qu'elle avait acquis en donnant à ses enfants une première éducation véritablement chrétienne. Firmin pleura beaucoup la perte de sa mère ; il se montra néanmoins plus sensible au chagrin que son père éprouvait qu'à sa propre douleur ; il aurait voulu, au prix des plus pénibles sacrifices, pouvoir le diminuer et rendre ainsi à son père, du moins en partie, le bonheur qu'il semblait avoir perdu. « Hélas! « lui disait-il lui-même en versant d'abondantes larmes, j'ai « fait une perte cruelle et irréparable ; néanmoins, je le sens, « je serais encore heureux si je pouvais, par mon amour filial « remplir le vide immense que la mort vient de faire dans

(1) Livre de la Sagesse, VII.

« votre cœur. Bientôt, ajoutait-il avec une pieuse confiance,
« oui, bientôt je vous consolerai, car je vous aime, et tout
« me sera possible pour vous plaire. » Firmin prouva depuis
par sa conduite que les paroles qu'il prononçait en présence du
cercueil de sa mère étaient l'expression sincère des sentiments de son âme. Il fit réellement toujours le bonheur de
son père, par son obéissance, ses attentions délicates et sa
profonde piété.

C'est en 1846 qu'il fut placé au collége, où peu de
temps après il fit sa première communion, le jour de la
fête-Dieu. Il fut ensuite conduit par un de ses professeurs à
Carcassonne pour y recevoir, avec plusieurs de ses condisciples, le sacrement de confirmation. Mgr de Galy, qui occupait alors le siége épiscopal de cette ville, ne pouvait plus
voyager à cause de ses infirmités et de sa vieillesse ; ce n'est
que dans son palais que le vénérable prélat administrait le
secrement qui donne aux chrétiens la force et le courage des
martyrs. Dans ces deux circonstances si importantes et si
graves de la vie du fidèle, Firmin se montra pénétré de
la foi la plus vive, et étonna les professeurs et les élèves
autant par son recueillement que par sa ferveur.

Hélas ! quelques orages devaient malheureusement troubler une vie si pure, et si Firmin, lorsqu'il vit la mer hou-
leuse soulever ses flots menaçants autour de lui, put néanmoins continuer sa route sans sombrer contre les écueils,
ne l'attribuons qu'au souvenir de sa mère, aux principes
profondément religieux qu'il puisa dans sa famille, et à sa
grande dévotion à la Très-Sainte-Vierge.

Nous ne dirons pas autre chose de la vie de Firmin au
collége. Qu'il nous suffise de savoir que, lorsque peu de
temps avant sa mort il en parlait lui-même, il disait avec

les larmes d'une sincère douleur : « Quand je quittai la
« maison de mon père, j'étais un ange, et si je n'avais point
« été au collége, j'ignorerais encore ce que c'est qu'offenser
« Dieu. » Nous verrons plus loin quel admirable avantage
sut tirer ce vertueux enfant des dangers auxquels , en 1846,
fut exposée son innocence.

Mlle Rose Moulet, sœur aînée de Firmin, avait été placée,
à Toulouse, chez les religieuses de la Visitation, pour qu'elle
pût, sous l'intelligente direction de ces pieuses filles de Saint-
François-de-Salles, orner son esprit de connaissances utiles
et former son cœur à la pratique de la vertu. Elle termina
son éducation en 1847, et rentra au sein de sa famille.

Firmin fut retiré à la même époque du collége pour recevoir à son tour le bienfait d'une solide instruction dans
une des pensions de Toulouse. M. Moulet, d'après quelques
rapports favorables qu'il avait reçus sur le Pensionnat Saint-
Joseph, crut trouver dans cet établissement celui qui était
le plus convenable à son fils. Les connaissances variées que
les élèves peuvent y acquérir, et surtout les garanties précieuses qu'il offre sous le rapport de la morale déterminèrent
son choix. Firmin fut placé au Pensionnat Saint-Joseph au
mois d'octobre 1847.

II.

Il n'est rien de plus beau à voir, dans une maison d'éducation, qu'une réunion nombreuse d'enfants, étrangers les
uns aux autres et vivant néanmoins sous un même toit,
unis entre eux par les liens d'une charité sincère. Ce n'est
plus alors une agglomération forcée d'éléments hétérogènes,
c'est une famille dans laquelle se trouvent toutes les joies
du foyer paternel et les douces jouissances que donne la
vertu. Ce consolant spectacle peut être regardé comme un
rêve impossible à réaliser par bien des maîtres et professeurs
qui ne cherchent dans leur état qu'une fonction lucrative et
dont le ciel punit la conduite intéressée et l'égoïsme en ne
leur faisant rencontrer dans les élèves que des caractères
hautains, qui ne supportent qu'avec une impatience fié-
vreuse le joug de la discipline. Et cependant il n'est rien de
plus réel que l'existence de ces associations, d'élèves s'ai-

2

mant tous comme des frères, et animés de cette noble émulation qui assure et multiplie les progrès, sans nuire en rien à l'excellent esprit de famille qui fait leur bonheur.

Ce résultat magnifique s'obtient toujours dans les établissements où les sciences et les arts fleurissent à l'ombre de la Religion, et où les maîtres pratiquent eux-mêmes le bien qu'ils sont obligés d'enseigner à leurs élèves. Une discipline inflexible et sévère peut maintenir l'ordre extérieur dans les écoles où la Religion ne reçoit qu'un culte apparent ; la piété véritable établit seule, entre les maîtres et les élèves, les rapports sympathiques qui existent entre un bon père et son fils reconnaissant. Heureux l'enfant qui forme son cœur dans un de ces établissements où la Religion conserve toute son influence, et où l'on trouve, dans les professeurs, des pères qui savent allier la douceur à la fermeté et la science à la vertu. C'est bien à lui que peuvent s'adresser ces belles paroles de David (1) : « *Le Ciel protége et récompense celui qui ne se laisse point aller aux conseils des méchants, qui ne s'arrête point dans les voies impures des pécheurs et ne s'assied point à la chaire contagieuse des impies. Il devient semblable à un arbre planté sur le rivage d'un fleuve dont les eaux portent la fécondité. Il grandira et portera d'heureux fruits en son temps.* »

Firmin fit l'expérience des bénédictions que Dieu verse sur l'enfant dont on ne développe jamais la raison, sans lui former en même temps le cœur à la vertu et aux qualités sociales les plus nobles. En entrant au Pensionnat Saint-Joseph, il fut d'abord agréablement surpris de voir le bon

____

(1) Ps. 1.

esprit qui régnait parmi les élèves. Dès les premiers jours, tous ses nouveaux condisciples l'entourèrent comme un vieil ami que l'on revoit avec plaisir ; il fut l'objet de leurs prévenances, et chacun se fit un devoir de l'initier à la connaissance du réglement qu'il devait suivre, et dont la pratique est toujours rendue facile par la sagesse du directeur et la prévoyante sollicitude des professeurs. Firmin fut ravi de ces attentions : « Quel bonheur ! écrivait-il à cette épo« que dans une de ses lettres ; on m'avait assuré qu'en qua« lité de *nouveau* je devais être, à Toulouse, pendant « plusieurs jours, l'objet des railleries et des sarcasmes de « mes compagnons. J'appréhendais beaucoup cette terrible « épreuve pour mon amour-propre ; cependant j'étais rési« gné à la souffrir sans me plaindre pour ne point contris« ter mon père. Et voilà qu'au lieu du mépris que je re« doutais, je ne trouve que l'expression des sentiments d'une « franche et sincère sympathie. »

Le frère Irlide, religieux d'un talent distingué et d'une grande expérience, était alors directeur du Pensionnat Saint-Joseph. Firmin marcha à grands pas dans la voie sainte que lui tracèrent les conseils de ce guide éclairé. Il devint le digne émule des élèves les plus pieux. Quoique jeune encore, il avait fait déjà une épreuve terrible des dangers que l'on court, sous le rapport de la morale, dans la fréquentation des enfants irréligieux et dissipés. Ses pieds, il est vrai, ne s'étaient point écartés des sentiers de la justice, mais il avait été sur le point de perdre son innocence ; il ne voulut point s'exposer de nouveau. « *La voie des pécheurs,* dit le Sage (1),

____

(1) Proverbes VII, 27.

est, pleine de ténèbres, et ils marchent sans connaître l'abîme où ils se précipitent ; tandis que les sentiers du juste sont comme une éclatante lumière qui croît chaque jour et croîtra encore jusqu'à ce qu'elle devienne parfaite comme la lumière des cieux. Il faut donc sérieusement examiner les hommes qui nous approchent, afin de ne traiter qu'avec ceux qu'anime la crainte du Seigneur, parce qu'on est bon avec les bons et méchant avec les méchants. » Ce sont de pareilles maximes des Livres Saints et sa propre expérience qui rendirent Firmin si prudent dans le choix de ses amis. Son premier soin, à Toulouse, fut donc de rechercher des jeunes gens sages avec lesquels il pût sympathiser et s'unir par les liens de la vertu

Il y a au Pensionnat Saint-Joseph trois congrégations : l'une toute formée par de jeunes élèves, et sous la protection des saints Anges ; les élèves moyens composent la seconde, et les plus âgés achèvent, dans la congrégation du Très-Saint-Cœur-de-Marie, à se former aux vertus chrétiennes et sociales qui leur seront nécessaires dans le monde. Celle-ci fut érigée canoniquement au Pensionnat Saint-Joseph, par son éminence le cardinal d'Astros, et, peu de jours après, affiliée à la congrégation *Prima primaria* du collége romain, ainsi qu'à l'archiconfrérie de Notre-Dame des Victoires.

Le but de ces congrégations est d'encourager les membres qui les composent à persévérer dans le bien, et à trouver, soit dans les soins assidus d'un directeur spécial, soit dans les exemples de pieux confrères, un moyen facile d'obtenir cet heureux résultat. Elles contribuent également à augmenter l'émulation pour les études. Le véritable congréganiste se fait un devoir de s'appliquer aux divers travaux de l'intelligence autant qu'à l'exercice de la piété. Et voilà pourquoi dans les statuts publiés à Rome pour la congrégation *Prima primaria* se trouvent ces paroles : *Il fine di questa congregazione è la virtù et la pietà cristiana, ed il profitto negli studi delle lettere, pel cui acquisto è gandemente utile la frequenza de' santissimi sacramenti.*

Firmin comprit qu'il ne pouvait trouver des amis tels qu'il les souhaitait, si ce n'est dans une de ces sociétés religieuses. Il se fit donc instruire des règles qu'on y suit, et se hâta d'écrire ensuite une lettre touchante au directeur de la congrégation du Très-Saint-Cœur-de-Marie pour le supplier de l'admettre au nombre des postulants. La résolution généreuse qu'il avait prise d'être fidèle à accomplir tous les devoirs religieux imposés aux congréganistes, lui donna la douce espérance de voir bientôt tous ses vœux se réaliser. Le directeur de la congrégation l'entretint dans cet espoir, ainsi que dans les dispositions excellentes dont il était animé, en lui annonçant qu'on allait l'inscrire au nombre de ceux qui se préparaient à recevoir la faveur qu'il sollicitait pour lui-même. Firmin s'efforça de mettre en pratique les conseils qui lui furent donnés en cette circonstance : sa piété parut plus vive à la chapelle, ses devoirs classiques se firent avec une exactitude plus scrupuleuse ; dans son maintien et dans ses paroles il se montra d'une admirable réserve, sans avoir cependant aucune de ces singularités ridicules qu'affectent quelquefois certaines personnes scrupuleuses ou excentriques qui paraissent privées d'un jugement droit.

Tous les élèves furent édifiés de la conduite régulière du nouveau postulant pendant les jours d'épreuve qui précé-

dèrent sa réception : « Firmin n'est pas assez apprécié parmi
« nous, disait un jour, en récréation, un des premiers élèves ;
« sa vertu est à l'abri du danger. Nous avons essayé quel-
« ques-uns, non pas de le détourner du bien, ce que nous
« ne ferons jamais envers qui que ce soit, mais de rire de
« sa fidélité à remplir tous ses devoirs d'élève avec une
« exactitude qui pourrait paraître puérile, si elle n'était
« l'effet d'une de ces résolutions généreuses qu'une âme
« forte peut seule former. Il a subi l'épreuve avec courage,
« s'est moqué de nos railleries, et nous a forcés à l'admi-
« rer. » « Je suis convaincu, disait un autre, que lors même
« qu'il faudrait mettre sa vie en péril pour faire une bonne
« action, Firmin marcherait sans crainte à l'accomplissement
« de cette action, préférant la mort à la lâcheté produite,
« dans les âmes pusillanimes, par le respect humain. »
Ces éloges devaient diposer en faveur de Firmin les congréganistes du Très-Sacré Cœur ; il obtint, en effet, tous leurs
suffrages, et, dès que son temps d'épreuves fut terminé, il
mérita d'être reçu dans leur pieuse société ; il y prit le nom
d'Enfant-de Marie, titre magnifique qui a été pour lui,
jusqu'aux portes du tombeau, comme nous le verrons dans
la suite, un sujet de consolations et de célestes espérances.

Firmin, devenu congréganiste, fut, pour ses condisciples
et ses confrères, un modèle touchant des plus belles vertus
que peut pratiquer un élève. Que ne pouvons-nous rappeler
ici une foule de traits charmants qui honorent son caractère ?
Il ne cherchait pas, sans doute, à jouer un rôle important
dans sa classe ; il aimait, au contraire, à vivre ignoré et
confondu au milieu de ses compagnons d'étude. Réservé
dans ses discours, modeste dans sa tenue, timide avec ses

égaux presque autant qu'avec ses supérieurs, il n'avait point ces qualités extérieures qu'on aime quelquefois à admirer dans les enfants, mais qui, dans le monde, peuvent être un piége d'autant plus à craindre pour leur vertu que souvent ces qualités gracieuses et séduisantes y sont plus recherchées que les qualités réelles du cœur. Il était naturellement d'un caractère peu expansif : il paraissait même quelquefois indifférent aux choses auxquelles il tenait le plus : un trait le fera connaître sous ce rapport. Firmin avait une sœur spirituelle, vive et pleine de petites prévenances; chaque jour elle prodiguait à ses parents les plus aimables caresses; en la voyant une fois rester plus longtemps que d'habitude suspendue au cou de son père, il dit à sa sœur aînée dont le caractère était conforme au sien : « Notre sœur est très-bonne et fort aimable, mais je « suis sûr que nous aimons encore papa plus qu'elle, quoi- « que nous ne le lui témoignions point par nos caresses. » Sous les traits de cette modestie timide, il cachait cependant une grande élévation d'esprit et une sensibilité exquise, et malgré la réserve de ses paroles, il y avait dans toutes ses conversations, je ne sais quel charme qui prévenait en sa faveur ceux qui l'écoutaient. Aussi était-il sincèrement aimé des élèves et estimé de tous ses professeurs. De son côté, Firmin ne négligeait rien pour se rendre digne des attentions bienveillantes dont il était l'objet.

La charité dont il avait donné de si touchantes preuves envers les pauvres de Labastide, se changea en affection compatissante pour ceux de ses condisciples condamnés, pour expier quelques légères fautes, à être, pendant les promenades ou les récréations, les témoins passifs des jeux de leurs amis. Il n'était content que lorsqu'il pouvait obtenir leur pardon ; il sacrifiait volontiers pour cela toutes les exemptions qu'il recevait en récompense de ses succès ; il empruntait dans l'occasion à d'autres condisciples, lorsqu'il avait épuisé ce qu'il possédait lui-même, ou faisait valoir, avec une ingénuité charmante, les priviléges dont jouissent les congréganistes pour obtenir plus facilement la grâce qu'il sollicitait, et que les professeurs étaient heureux d'accorder à sa persévérance et à son ingénieuse charité ; il se hâtait alors d'aller lui-même porter aux patients la nouvelle de leur pardon, et se perdait ensuite, parmi les groupes d'élèves, pour échapper à toute expression de gratitude de la part de ses protégés. Rendre service aux autres, quand on le peut, lui semblait une chose toute naturelle ; il n'a jamais cru avoir le moindre mérite dans les actions les plus généreuses que lui inspirait la bonté de son cœur.

C'est aussi par un sentiment noble et élevé qu'il s'efforça, en tout temps, de se rendre digne de l'estime de ses maîtres ; il était pour eux plein d'une déférence respectueuse, et sa soumission à leurs volontés était aussi parfaite que sa confiance à leurs conseils était entière. « Je suis content, « disait-il quelquefois à ses condisciples, quand je puis m'en- « tretenir avec mes professeurs, leur bonté me rappelle « celle de mon père. Quand j'ai conversé avec eux, je me « sens toujours plus encouragé à redoubler d'ardeur pour « les études et la piété. » Et voilà pourquoi dans ces moments d'épreuves naturelles où l'homme s'ennuie sans pouvoir se rendre compte de ses impressions, et où les volontés les plus fermes semblent s'énerver et perdre leur force, soit sous les influences athmosphériques, soit sous celles du tempérament ou du milieu dans lequel on vit, un regard des professeurs suffisait pour que Firmin retrouvât immédiatement son courage et sa confiante énergie.

A la fin de chaque trimestre un bulletin spécial de toutes les places obtenues pendant cette période de temps, aux compositions des divers cours professés au Pensionnat St-Joseph, est envoyé aux parents qui ont leur fils dans cet établissement. L'attention avec laquelle Firmin veilla toujours sur ses actes, fit qu'il ne mérita jamais aucun grave reproche de la part de ses professeurs, et que ses travaux classiques furent ordinairement couronnés d'heureux succès. M. Moulet, père, qui ne recevait que des bulletins satisfaisants exprimait chaque fois sa joie à son fils, et se montrait fier de ses succès comme s'il en avait eu seul la gloire. Firmin ne désirait point ici-bas obtenir d'autre récompense. Conserver l'amour d'un père excellent, mériter l'estime affectueuse de ses maîtres et les sympathies des bons élèves lui paraissait, après les jouissances ineffables que procure la vertu, le bonheur le plus grand auquel puisse aspirer un enfant sur la terre. C'est ce qui explique pourquoi, n'étant pas doué d'une intelligence supérieure, il fut cependant chaque année, à force de constance et d'application dans ses études, un des lauréats qui obtinrent les plus honorables couronnes.

Ses vertus et ses talents lui méritèrent enfin la faveur d'être admis dans l'Athénée, intéressante société littéraire dont les membres rédigent un journal hebdomadaire de critique et de littérature qui se lit en présence de toute la communauté. Firmin entra avec bonheur dans la nouvelle carrière qu'on lui ouvrait pour l'exercice de son intelligence: guidé par une raison droite et formé à l'école des bons modèles, il fit plusieurs articles qui furent fort goûtés; il détestait ce vain luxe de phrases creuses et brillantes dont un goût prétentieux ou faux aime à parer ses discours; une aimable simplicité, qui trahissait la candeur si noble et si pure de son âme, régnait seule dans son style. C'est le principal caractère qui doit distinguer toute belle littérature.

Tant de mérites ne pouvaient que concilier de plus en plus à Firmin l'affection des congréganistes du Très-Saint-Cœur et lui mériter leur confiance. Ils l'élurent pour être Préfet de leur pieuse association. Cette dignité avait été occupée par des jeunes gens qui continuent dans les positions honorables de la société, où ils se trouvent, le bien commencé au Pensionnat; elle exige que l'élève qui en est revêtu, jouisse d'une très-bonne réputation auprès des professeurs, et exerce, autant par son noble caractère que par son intelligence et sa piété, un grand ascendant sur ses condisciples. Firmin se montra digne de l'honneur qu'il venait de recevoir; son zèle pour bien remplir ses nouvelles fonctions, sa régularité et sa dévotion filiale à la Très-Sainte Vierge le rendirent le modèle des confrères qui lui avaient donné leurs suffrages.

III.

Il n'est rien de plus à craindre pour un élève que la fréquentation d'un condisciple qui chercherait à le pervertir et à le corrompre. Malheur aux enfants qui s'attachent et s'adonnent à ces êtres infortunés, lesquels, jaloux de la vertu des autres, veulent les entraîner dans des voies réprouvées ! Leurs exemples sont plus contagieux que ne le sont les plus cruelles épidémies, leurs paroles séduisent et trompent; elles ont un venin qui donne la mort. L'imprudent qui oserait les écouter se perdrait à son tour. Il ne doit point même espérer, en dédommagement de la vertu qu'il perd, la jouissance des charmes d'une amitié sincère : « Il n'y a que la charité, dit Massillon, qui puisse former « des amis solides et véritables. » Ce n'est que lorsqu'on craint le Seigneur et que l'on s'unit à des cœurs vertueux ; que *l'amitié est un beaume qui adoucit les chagrins de la vie et conserve cette pureté qui prépare l'âme à l'immortalité* » (1). C'est pour cela que Fénélon donne, dans une de ses lettres, cet excellent conseil : « Choisissez des amis avec lesquels vous puissiez aimer Dieu, vous détacher du monde, et trouver votre consolation dans la vertu. »

Le Ciel permit que Firmin trouvât, dans Jean-Baptiste Calmettes, élève doué d'une intelligence précoce et d'une vertu prématurée, un ami tel que les désirait le pieux évêque de Cambrai, et que notre propre intérêt les demande.

Calmettes était aussi de Labastide-d'Anjou, où il avait été enfant de chœur avec Firmin. Il se fit remarquer, au Pensionnat Saint-Joseph, par d'éclatants succès et une conduite exemplaire. Son ami, plus ancien que lui dans l'établissement, le fit recevoir dans la congrégation du Très-Saint-Cœur-de-Marie, dont il fut un des membres les plus fervents.

En 1851, Calmettes obtint, à la fin de l'année scolaire, les principaux prix de sa classe. Son père était venu assister à ce beau triomphe. Le soir, dès que les récompenses furent distribuées, il se prépara à partir pour Labastide, où quelques affaires pressantes l'appelaient ; son fils le supplia de rester un jour de plus à Toulouse. « Il est d'usage, lui
« dit-il, que le lendemain de la distribution des prix il y
« ait, au Pensionnat Saint-Joseph, une Messe d'action de
« grâces ; tous les élèves restent ce soir dans l'Établissement
« pour y assister ; ce n'est qu'après la messe qu'ils seront
« libres de sortir avec leurs parents ; c'est alors seulement

____

(1) Ecc. VI, 17.

« qu'ils entreront en vacances. Demain, les congréganistes,
« et la plupart des autres élèves feront la sainte Commu-
« nion ; il y aura ensuite une consécration solennelle à la
« Très-Sainte-Vierge. Voulez-vous qu'avant de m'exposer
« aux dangers qui m'attendent hors de cet asile, je ne for-
« tifie point mon âme en la nourrissant du pain des anges ?
« Pourrais-je ne pas me trouver avec mes pieux confrères
« lorsqu'ils vont placer sous la protection de MARIE tout le
« temps des vacances ? » Et, comme s'il avait eu un vague
pressentiment de sa mort prochaine, il ajouta avec une
profonde émotion : « Oh ! mon père, laissez-vous toucher,
« restez avec moi ; nous partirons ensuite avec Firmin. Il
« faut que je me consacre de nouveau à la Très-Sainte-
« Vierge : une voix intérieure me presse de remplir ce de-
« voir au plus tôt ; vous prierez cette mère céleste d'être la
« protectrice bienfaisante de notre famille. Hélas ! c'est
« peut-être la dernière fois que je vais me trouver prosterné,
« avec mes amis, au pied du trône qu'occupe la Très-Sainte-
« Vierge, au Pensionnat. »

M. Calmettes père resta à Toulouse ; les larmes et les
supplications de son fils l'avaient emporté sur des intérêts
de fortune.

Le jour d'une distribution de prix est partout un beau
jour pour les élèves. Après que les lauréats, au milieu des
acclamations sympathiques d'une assemblée nombreuse, ont
reçu les récompenses dues à leur mérite, au Pensionnat
Saint-Joseph, ils se rendent autour de l'autel de MARIE
que mille cierges illuminent et qu'embeaument des flots
d'encens : ils vont, le front rayonnant de bonheur, et en
chantant de joyeux cantiques, déposer aux pieds de leur

divine Mère leurs couronnes de laurier et lui faire hommage de leurs pacifiques victoires. Le lendemain, ces mêmes élèves semblent oublier les transports de la joie si pure
que donnent les triomphes classiques; ils se recueillent devant Dieu, dont la grâce a béni leurs labeurs et couronné
leurs efforts; ils vont ensuite, ainsi que le faisaient les premiers chrétiens avant d'entreprendre quelque voyage, s'asseoir à la table sainte. Tous enfin conjurent l'Etoile des mers
de faire luire, après qu'ils auront quitté le port où s'abrite
leur innocence, sa lumière céleste sur leur frêle esquif, et
de les guider loin des écueils où, chaque jour dans le
monde, viennent sombrer tant de jeunes et imprudentes
victimes. Chaque année, en cette circonstance, on voit
les élèves qui ont terminé leur éducation verser bien des
larmes d'attendrissement, en quittant, pour ne plus le
revoir, l'asile où la science et la religion ont comblé leurs
cœurs des joies les plus ineffables.

Firmin et Calmettes assistèrent à cette touchante cérémonie et firent avec bonheur l'offrande de leurs belles couronnes à la Vierge qu'ils regardaient, après Dieu, comme
la cause première de leurs succès; ce ne fut point seulement
de leur part un acte religieux, mais un témoignage public
de piété filiale et de reconnaissance. Ils prirent ensuite congé
du frère-directeur, de leurs maîtres et de leurs amis, et
partirent avec leurs parents.

Peu de jours après se célébrait à Labastide-d'Anjou une
de ces fêtes populaires, désignées vulgairement sous le nom
de fêtes locales : cette époque de réjouissances publiques est
presque partout une source de scandales; il est rare que
les lois de la décence y soient observées et que les offices

religieux n'y soient point troublés par le bruit des chansons profanes ou la musique assourdissante des jongleurs, qui viennent, pendant ces fêtes, établir leurs théâtres ambulants sur les places où se rassemble le pleuple. Les habitants de Labastide-d'Anjou, tous animés d'un excellent esprit et jaloux de conserver, pour l'ordre et la religion, le respectueux attachement dont ils ont donné de si belles preuves, M. Moulet, maire de cette petite ville, surtout, n'ont jamais permis que des étrangers suspects fussent, sous le frivole prétexte d'amuser le public ou de vendre quelques brochures, une occasion de scandale et de chute pour les âmes. Le jeune Calmettes le savait. Néanmoins, comme sa conscience délicate s'effrayait à la vue du moindre danger qui peut menacer la vertu d'un enfant, il prit la résolution généreuse de ne point se mêler, ce jour-là, aux joies bruyantes de la foule. Dans la crainte que les sollicitations pressantes de ses amis lui fissent oublier sa promesse, il résolut même de se priver des plaisirs innocents qu'il pouvait trouver au sein de sa famille. C'est pour cela que le jour de la fête, après avoir prié longtemps à l'église et assisté au divin sacrifice de la messe, il sollicita et obtint de ses parents, la permission de passer la journée à la campagne. Il partit aussitôt et ne rentra à Labastide que lorsque le soleil eut disparu à l'horizon. Le pauvre enfant avait couru presque toute la journée; ses jambes ne le soutenaient qu'avec peine; n'importe, il était content et heureux.

« Oh! quelle journée magnifique! s'écria-t-il en entrant
« chez lui; j'ai parcouru le vallon, j'ai visité les vignes, j'ai
« fait la chasse aux oiseaux et récité mon rosaire. Je ne
« me suis pas aperçu un seul instant que j'étais seul. Je

« suis harassé de fatigue ; mais aussi, que je vais bien dor-
« mir ce soir ! »

— « Tu aurais goûté bien plus de plaisir avec nous,
lui dit un voisin ; la fête a été superbe. »

« Oh ! ne m'en parlez pas, reprit Calmettes, j'ai peur de
« vos fêtes ; il y a toujours, quoi qu'on en dise, beaucoup
« de mal. Lorsqu'on s'expose dans ces réunions profanes,
« on est toujours témoin de quelque scandale, et l'on est
« entraîné, presque fatalement, à offenser le bon Dieu.
« J'avais promis à la Très-Sainte-Vierge de ne point ex-
« poser mon innocence dans aucune de ces réunions ; elle
« m'a obtenu la force de tenir aujourd'hui ma promesse.
« Votre joie ne peut égaler celle que j'éprouve en ce mo-
« ment. »

Cet enfant vertueux se mit ensuite à table, mangea de
très-bon appétit ; aussitôt après le souper, il prit congé de
ses parents pour aller faire sa prière du soir, et reprendre,
dans un sommeil préparé par de grandes fatigues, de nouvelles forces pour le lendemain.

IV.

Tel était le compagnon et l'ami que le Ciel avait donné
à Firmin : tous les deux étaient de mœurs simples et douces ; jamais aucun sentiment d'ambition ou d'orgueil ne
troubla le calme heureux de leur âme, une même dévotion
les appelait souvent aux pieds de la Très-Sainte-Vierge, qu'ils
avaient également choisie pour patronne et pour mère ; il
n'y avait entre eux d'autre rivalité que celle du bien. Tous
les deux ont laissé au Pensionnat Saint-Joseph les mêmes
souvenirs de piété et de vertu. Cette union, hélas ! ne devait pas durer longtemps sur la terre.

Le jeune Calmettes, peu de jours après la fête dont nous
venons de parler, fut de nouveau à la campagne avec ses
parents. Le ciel était pur, et la température accablante.
Calmettes fut courir dans les champs, selon son habitude, sans prendre aucune précaution pour se garantir des

rayons brûlants du soleil. Le soir, lorsqu'il fut revenu à Labastide, il se plaignit un peu parce qu'il souffrait de la tête, le lendemain sa douleur, quoiqu'elle n'offrît encore aucun caractère grave, était devenue plus forte. Firmin se disposait alors à revenir à Toulouse, pour rentrer au Pensionnat; il retarda son départ dans l'espérance que son ami pourrait bientôt l'accompagner. Il profita de son séjour à Labastide pour aller souvent le voir; sa présence calmait les douleurs du malade. « Tu repartiras pour Toulouse « avant moi, Firmin, lui dit celui-ci deux jours avant de « rendre son âme à Dieu; je n'ai point encore terminé mon « devoir des vacances; dis à mes chers professeurs que je « souffre beaucoup, mais dès que je serai mieux, je « m'empresserai de le finir. — Ne t'occupe pas de ton « devoir, mon pauvre ami, dit Firmin; tu sais qu'on ne « l'exige jamais de ceux qui ont des raisons aussi légiti- « mes que la tienne pour s'en dispenser. Maintenant il « faut songer à guérir, et, pour arriver plus facilement à « cet heureux résultat, je vais écrire au directeur de la con- « grégation du Très-Saint-Cœur-de-Marie, afin qu'il te « recommande aux prières de nos amis. — Tu n'as « jamais que d'excellentes idées, cher Firmin; oh! oui, fais « une lettre en mon nom; cependant je ne veux point « que l'on demande ma guérison, mais seulement que la « volonté sainte de Dieu soit faite, afin que, si je dois mou- « rir, je puisse jouir plus tôt de la vue de notre divine « mère. »

Le jour même où le malade exprimait ses pieuses intentions en termes si touchants, il tomba dans un délire complet. Ses parents qui conservaient encore l'espérance de le

sauver, appelèrent des médecins expérimentés; leur dévoûment et leurs soins furent inutiles, le jeune Calmettes
resta dans le délire; mais, dans cet état, il ne parlait que de
la Très-Sainte-Vierge, du bonheur ineffable dont cette
bonne mère remplit le cœur de ses enfants, de ses professeurs, qu'il appelait par leurs noms, des congréganistes,
des belles fêtes du Pensionnat Saint-Joseph. Son imagina-
tion, frappée par le souvenir du bonheur dont il avait joui
dans cet établissement, lui faisait croire que ses souffrances
y auraient été moins vives, s'il y était tombé malade, et les
remèdes plus efficaces pour lui procurer une prompte guérison.

Un jour il éprouvait une invincible répugnance à prendre
une potion qu'on lui présentait : quelqu'un lui dit qu'elle
avait été préparée au Pensionnat Saint-Joseph. Le malade
le crut; il prit le remède et s'empressa de le boire avec la
plus parfaite confiance.

M. le curé venait aussi le visiter souvent; il aurait désiré lui administrer les derniers sacrements de l'Église, mais
Calmettes, toujours privé de l'usage de ses facultés intel-
lectuelles, et dans l'état d'agitation continuelle où le pla-
çaient ses cruelles douleurs, ne pouvait point les recevoir.
Ce n'est qu'au moment d'expirer qu'il retrouva l'usage de la
raison; sa mère qui ne le quittait point fit alors un effort
suprême sur sa douleur; au lieu de pleurer un fils si cher
qu'elle allait perdre, elle l'engagea à faire un acte d'amour
de Dieu et de résignation et lui inspira le désir d'habiter
avec les anges dans le Ciel. Le pauvre enfant ne put pas
répondre; mais il tourna ses regards vers l'image de la
Vierge immaculée, il la considéra avec un sourire qui exprimait la plus douce confiance et mourut sans agonie.

Firmin revint seul au Pensionnat Saint-Joseph ; mais le triste souvenir de la mort de son ami l'y suivit ; il fut toujours pour lui une source de réflexions sérieuses qui le détachèrent peu à peu des choses de la terre, et de toutes ces fragiles espérances que l'on caresse ordinairement quand on est encore jeune.

Un jour les élèves du grand camp revenaient d'une promenade délicieuse qu'ils avaient faite au joli château du Miral ; Firmin aperçut le directeur de la congrégation du Très-Saint-Cœur-de-Marie, il se détacha du rang pour aller à sa rencontre ; après avoir échangé quelques paroles indifférentes avec lui, il lui communiqua, avec une touchante simplicité, la résolution qu'il avait prise d'entrer, avant la fin de l'année, dans une maison religieuse. « Le dé-
« sir qui vous anime est sans doute bien noble, lui dit le
« directeur de la congrégation ; cependant je vous engage
« à prier beaucoup d'abord, et ensuite à faire de sérieuses
« réflexions avant de vous déterminer à quitter le monde.
« Il faut toujours se défier d'un premier mouvement d'en-
« thousiasme. Ce serait une imprudence qui pourrait avoir
« les suites les plus déplorables que d'abandonner, sans une
« vocation réelle, son pays et sa famille. Vous surtout, dont
« le cœur est si sensible, pensez, avant de prendre aucune
« décision, à l'amour que vous portent vos parents... —
« Vous me parlez de mes parents, dit Firmin en l'inter-
« rompant : hélas ! le nom seul de mon père me fait ver-
« ser des larmes, quand je songe à la douleur que lui fera
« éprouver ma résolution. Le Ciel lui avait donné cinq
« enfants ; il ne me reste plus qu'une sœur. Je pensais qu'elle
« consolerait mon père de la mort des autres membres

« de notre famille, et voilà que je viens d'apprendre
« qu'elle aussi quitte le monde; elle doit entrer au couvent
« de la Visitation dont les religieuses lui ont donné de si
« utiles leçons et des exemples si admirables de piété. Mon
« père, lui, qui nous prodigue tant de bienfaits, lui, que
« nous aimons, ma sœur et moi, de l'affection la plus vive,
« restera seul! Ah! croyez-le, cher frère, j'ai bien réfléchi
« depuis que je sens que le Seigneur m'appelle à son service.
« Le monde, la fortune ni cette vaine fumée qu'on nomme
« gloire, n'ont jamais eu assez de charmes pour m'inspirer
« un seul regret. Il n'y a que la séparation avec mon père
« qui me sera sensible; il n'y a qu'elle qui exigera de moi
« un grand sacrifice, mais j'espère être soutenu par la grâce
« de Dieu, en brisant le seul lien qui me retient encore
« dans le siècle. »

Quelque temps après la promenade dont nous venons de
parler, Firmin assistait avec son père, au couvent de la
Visitation, à la profession religieuse de Mlle Rose Moulet, sa
sœur aimée. Avant la cérémonie les deux enfants tombèrent
aux genoux de leur père pour lui demander sa bénédiction.
M. Moulet, touché jusqu'aux larmes, mais résigné au grand
sacrifice que le Seigneur exigeait de lui, leva les mains au
ciel et appela sur eux les faveurs divines dont jouissent ici-bas les familles vertueuses. La jeune novice se leva
alors, pleine d'un saint courage; elle se retourna vers son frère
et lui dit, avec un sourire ineffable, ces paroles que saint Ber-
nard avait proférées en pareille circonstance. « Je te
« laisse tous les biens de la fortune dont j'aurais pu dispo-
« ser; sois heureux avec notre bon père. » Firmin était
trop ému pour répondre; il ne put articuler que ces mots,

avant d'embrasser sa sœur une dernière fois: « Ta part est
« trop belle puisque tu choisis le ciel pour ton partage et
« que tu me laisse la terre : j'aurai bientôt, peut-être, le
« même bonheur que toi!... » Dieu ne permit point à ce
fervent jeune homme de réaliser les désirs pieux qu'il avait
formés ; c'est dans la souffrance et les épreuves qui précèdent
une mort douloureuse qu'il voulut sanctifier sa belle âme.

V.

Firmin souffrait depuis longtemps d'une phthisie pulmo-
naire. En 1852 cette maladie fit d'effrayants progrès; Firmin
en avait ressenti les tristes effets pendant les vacances; néanmoins il revint au Pensionnat Saint-Joseph, où il put assez
facilement suivre les cours jusqu'au mois de mars. Mais à
cette époque, il ne se rendit en classe qu'à de rares inter-
valles et toujours en souffrant beaucoup; chaque jour il
perdait insensiblement une partie de ses forces, et sa figure,
décomposée par la douleur, semblait annoncer les prochains
ravages que la mort devait y exercer. M. le docteur Roques,
médecin du Pensionnat, lui prodigua d'abord les soins intel-
ligents que l'on pouvait attendre de son noble dévoûment et
de son expérience; il comprit enfin qu'il n'y avait que le sé-

jour au sein de la famille qui pouvait être utile à cet élève et prolonger encore un peu son existence. Il conseilla qu'on le renvoyât à Labastide.

Firmin fut désolé en apprenant cette décision. Le Pensionnat Saint-Joseph était pour lui une seconde maison paternelle dont il ne lui paraissait pas possible de pouvoir se séparer. Ce n'est que lorsqu'on lui fit entrevoir l'espérance d'une facile guérison à Labastide et d'un prochain retour au milieu de ses professeurs et amis, qu'il consentit enfin à partir.

Il fut dans son pays ce qu'il s'était montré à Toulouse, c'est-à-dire, un chrétien pieux et sans respect humain pour l'accomplissement de ses devoirs religieux. « Quand on « craint Dieu, avait-il l'habitude de dire, on ne peut « éprouver aucune autre crainte : les railleries et les me- « naces des hommes ne font pas sur l'âme de plus dura- « bles impressions que n'en font sur un fleuve les ricochets « d'une pierre que l'on lance à la surface de l'eau. » Rien ne put non plus lui faire oublier un instant le Pensionnat où s'étaient, disait-il, écoulées les plus belles années de sa vie. Il ne parlait de ses professeurs qu'avec un respect filial et une profonde reconnaissance ; ses confrères de l'athénée et de la congrégation étaient toujours l'objet de ses plus vives sympathies. Aussi fut-il heureux lorsqu'il reçut l'invitation d'aller rejoindre les athénéens à Revel, afin de passer avec eux le jour de congé que le très-cher frère Jomés, directeur du Pensionnat, leur avait accordé pour les récompenser de leurs progrès dans les études. Firmin passa quelques heures délicieuses avec ses anciens amis ; le plaisir qu'il goûta en leur compagnie lui fit oublier un instant ses souffrances.

Ce fut avec un bonheur plus grand encore que le 2 juillet, jour de la Visitation de la Très-Sainte Vierge, il se rendit à Avignonet, où les congréganistes du Très-Saint Cœur-de-Marie étaient allés en pélerinage. Cette journée fut une des plus belles que puissent passer des élèves, consacrés à la Très-Sainte-Vierge. La messe commença à 8 heures; les cloches sonnèrent comme pour les grandes solennités; les congréganistes, pour se rendre de leur place à l'église, furent obligés de traverser une foule compacte, avide de les voir et de prier avec eux la mère de Dieu. Le sanctuaire était en grande partie occupé par les hommes du pays, tous habillés comme aux jours de fête. M. l'abbé Salvan, qui avait accompagné les congréganistes, monta à l'autel, précédé de plusieurs enfants de chœur et d'un prêtre assistant. Pendant le Saint Sacrifice, quelques congréganistes exécutèrent de douces symphonies ou chantèrent des cantiques pleins d'une suave et religieuse harmonie. Au moment de la communion les chants cessèrent, tous les pèlerins furent, avec un pieux recueillement, s'asseoir à la table Sainte, Firmin pleura de bonheur en se nourissant, avec ses confrères, du pain mystique des anges. Après la messe, M. l'abbé Salvan monta en chaire et adressa aux fidèles une éloquente allocution sur les grandeurs de MARIE ; l'orateur, vers la fin de son discours, ne put maîtriser son émotion ; des larmes involontaires s'échappèrent de ses yeux, et sa voix émue trahit les douces impressions que lui donnait le spectable d'un peuple nombreux, accouru pour assister à la cérémonie.

Lorsque M. l'abbé Salvan eut fini de parler, les jeunes pélerins se placèrent sur deux rangs; tous prirent un cierge allumé à la main, et ils furent en procession, ayant à leur tête les acolytes avec la croix et les chandeliers d'argent, au monument, élevé au fond de l'église, en l'honneur de MARIE. La foule leur ouvrit un passage au milieu de la nef et ne put se lasser de contempler leur tenue édifiante; le clergé de Villefranche et celui d'Avignonet les suivirent au monument. Plusieurs voix, choisies dans le pays et dressées par un maître habile, chantèrent la belle hymne *Ave Maris Stella,* arrangée en harmonie.

La statue de la Très-Sainte Vierge est placée sur une colonne en marbre, qu'entoure une belle grille en fer; une seconde statue de la Mère de Dieu est au pied de la colonne et paraît particulièrement destinée à recevoir les pieuses offrandes des pélerins.

La dévotion dont ce monument perpétue le souvenir est fort ancienne à Avignonet; elle se rattache à l'époque où vivait Raymond VII (dit le Jeune), comte de Toulouse. Quelques inquisiteurs de la foi furent battus par le peuple, dans le château que possédait Raymond dans le village; on les traîna ensuite, mutilés et sanglants, jusques dans l'église, et là, on les massacra, pour se venger sur eux de la condamnation de plusieurs hérétiques du pays. On ne tarda point à se repentir de ce crime affreux. Les habitants d'Avignonet voulurent effacer par leurs larmes jusqu'aux dernières traces du sang qu'ils avaient répandu. Rome fut touchée de leur douleur, et le pape Paul III accorda une indulgence plénière, en forme de jubilé, à ceux qui, le premier mardi du mois de juin, visiteraient l'église et rempliraient en outre les autres conditions prescrites en pareille circonstance. Le peuple, pendant cette visite, fait ordinairement plusieurs fois le tour de l'église en marchant sur les genoux et en tenant un cierge allumé à la main. La station se termine au monument de la Très-Sainte Vierge, dont on baise l'image avec respect.

C'est là aussi que s'arrêtèrent les congréganistes du Très-Saint-Cœur-de-Marie. Celui qui, parmi eux, remplissait la charge de préfet, s'avança jusqu'au pied de la colonne; tout le monde se mit à genoux, et le préfet de la congrégation prononça, d'une voix émue et au nom de tous ses confrères, un acte de consécration à la Très-Sainte Vierge. Des larmes d'attendrissement coulèrent de tous les yeux. Jamais on n'avait assisté à un spectacle de ce genre aussi touchant et aussi beau.

Après la consécration, les pèlerins firent hommage à leur auguste mère d'un joli cœur en argent, où chacun d'eux avait inscrit son nom. Les chantres entonnèrent ensuite le *Magnificat*, et le cortége se remit en marche pour revenir au sanctuaire. La cérémonie se termina par le chant joyeux *Bénissons à jamais*, pour lequel tout le monde s'unit avec enthousiasme aux enfants de MARIE.

Il était près de dix heures quand on sortit de l'église; un déjeûner confortable, que les congréganistes avaient apporté de Toulouse, avait été servi dans une des maisons du village. Firmin se mit à table avec ses confrères et déjeûna avec eux.

Labastide-d'Anjou n'est qu'à une faible distance d'Avignonnet. Firmin, qui avait obtenu, par ses vives instances et ses prières, que la congrégation du Très-Saint-Cœur-de-Marie fît, cette année, son pélerinage à Notre-Dame d'Avignonet, sanctuaire trop éloigné de Toulouse pour que des élèves puissent ordinairement s'y rendre, avait tout préparé chez lui pour y recevoir ses amis. Après le déjeûner, il les engagea donc à faire une promenade à Labastide. Les congréganistes se rendirent avec bonheur à l'invitation gracieuse de leur ancien préfet. Firmin les conduisit d'abord à Naurouse, qui est situé à peu près à une égale distance des deux villages. Naurouse est un endroit isolé, mais depuis longtemps célèbre dans le pays par les traditions populaires qui s'y rattachent. On y voit sur le sommet d'une petite colline trois pierres énormes qui n'ont aucun rapport avec celles des environs ; elles se touchent par quelques points, mais sans se confondre : diverses plantes, qui croissent spontanément ou que la main de l'homme y a placées, les entourent et donnent un peu de grâce au caractère sévère et monotone qu'elles auraient sans ces embellissements.

Jamais rien d'extraordinaire ne s'est présenté dans la nature sans que le peuple n'y ait vu un prodige. Les pierres de Naurouse ont donc eu aussi leur légende. Nous ne la raconterons point ici, car elle n'a aucun rapport à notre sujet.

Firmin montra ensuite à ses confrères la pyramide que les descendants de Riquet ont élevée en l'honneur de leur illustre aïeul. Un escalier creusé dans la pierre conduit au pied de ce monument. De ce point élevé, on découvre toute la riante plaine de Revel, les murs du bassin de Saint-Féréol, le riche vallon de Laudat, le château de Paulet, où les descendants de Turenne conservent précieusement le cœur du héros immortel, qui mérita de trouver après sa mort une place parmi les tombeaux des Rois ; les ruines de l'antique manoir des Montmorency, et enfin tout le pays que traverse la Rigole, et qui présente un ravissant tableau que termine le sombre aspect des prolongements de la Montagne-Noire; c'est là que le baron de Bonrepos a le plus médité son œuvre admirable; c'est là aussi que se trouve un monument en son honneur, afin que, suivant l'heureuse expression de M. de Beaumont, le bienfait fût placé à côté de la reconnaissance. La maison qu'habite l'ingénieur du Canal est au bas de la colline : c'est dans cette maison que la paix fut signée, après la bataille de Toulouse, entre les généraux français et les généraux anglais.

Les congréganistes, après avoir examiné les magnifiques travaux de Riquet, à Naurouse, reprirent enfin la route de Labastide. Dès qu'ils y furent arrivés ils se rendirent à l'église où ils restèrent quelque temps en prière. Le souvenir de Calmettes était encore présent dans leur esprit; ils savaient qu'ils étaient dans le pays que ce pieux enfant de MARIE édifia par ses vertus prématurées, et où il avait terminé sa trop courte carrière; ils demandèrent à voir son tombeau, Firmin les y conduisit; plusieurs personnes les suivirent respectueusement à une faible distance. Le directeur de la congrégation dit quelques paroles touchantes sur la tombe de Calmettes, et rappela les traits les plus édifiants de la vie de ce fervent congréganiste. Il se mit ensuite à genoux, avec les élèves, et commença le *De profundis*, que tous récitèrent avec lui d'une voix lente. Les habitants, qui se trouvaient au cimetière, s'unirent à eux et accompagnèrent cette prière sublime de leurs larmes.

Firmin, après que ses amis eurent rempli tous leurs devoirs de piété, les engagea à entrer dans sa maison; son père les attendait et les reçut avec une généreuse munificence. On se mit aussitôt à table pour dîner. Après le repas, les congréganistes repartirent pour Toulouse, pénétrés des émotions les plus vives, et surtout, édifiés des vertus aimables et des nobles qualités sociales dont Firmin continuait à donner l'exemple dans le monde.

VI.

Aprés le départ des congréganistes, Firmin retomba dans
sa langueur habituelle; mais il sentit sa piété se ranimer
de plus en plus. Toutes ses conversations prirent dès-lors
un caractère religieux et grave. L'éternité seule occupait son
âme tout entière : ses pensées, ses prières, ses désirs, ses
mortifications n'avaient d'autre but que de le préparer à jouir
du bonheur ineffable promis aux élus dans le Ciel. Aussi,
aurait-il voulu qu'on ne lui parlât constamment que de Dieu,
de la Très-Sainte-Vierge, du Ciel, en un mot des sujets religieux qui peuvent le plus consoler un chrétien à l'heure où
il doit franchir le seuil de l'éternité pour paraître devant son
juge. « Il est peut-être permis, disait-il lui-même, de con-
« verser sur des choses indifférentes quand on se porte bien,
« car on n'offense point Dieu pour cela; mais lorsqu'on est au

« déclin de la vie, quand l'heure de la moisson est arrivée,
« il faut oublier toutes les choses terrestres pour ne songer
« qu'au compte rigoureux qu'on doit rende de ses pensées et
« de ses actes. » C'est ainsi qu'il mettait en pratique ce
conseil que nous donnent les livres saints (1) : *Que votre
conversation soit édifiante dans le temps de l'infirmité ; faites en sorte de vous sanctifier de plus en plus jusqu'au dernier soupir.*

Il s'était fait également une règle de conduite de ces paroles, que l'on trouve dans l'Ecclésiaste : (2) *Sachez que chacun de vous est chargé, par le Seigneur, de veiller et de travailler au salut du prochain.* Notre malade était heureux
de pouvoir exhorter les jeunes gens de son âge à fuir les
compagnies et les réunions dangereuses, à ne jamais se
permettre de mauvaises lectures, et à se montrer, en tout
temps, fidèles observateurs des lois de Dieu et de l'Eglise.
Plusieurs ont avoué que dans ces circonstances il parlait
avec tant d'entraînement et de conviction, qu'il était impossible à ceux qui l'écoutaient de ne pas retirer de ses
conseils de grands profits pour le salut. Un jour, deux de
ses cousins, qui devaient être placés en pension, insistaient
avec force en sa présence pour ne point se trouver dans un
établissement religieux, car ils ne voulaient pas entendre
la Messe tous les jours, mais seulement le dimanche. «Vous
« ignorez, leur dit Firmin, de quels avantages immenses
« vous voulez vous priver : la Messe est une source féconde
« d'abondantes faveurs spirituelles pour l'élève; on y place

(1) Eccl. 18.
(2) Eccl. XVII. 12.

« les études sous la protection de Dieu, on y invoque
« l'Esprit-Saint, qui est le véritable esprit de lumière qui
« puisse illuminer notre intelligence, féconder notre ima-
« gination, rectifier notre raison, et nous rendre faciles et
« claires les leçons qui, sans son secours divin, nous pa-
« raîtraient rebutantes et obscures. Le temps que quel-
« ques-uns croient perdre en passant, le matin, demi-
« heure à l'église, est amplement compensé par les grâces
« que l'on obtient, pour bien remplir ses devoirs. Pour moi,
« je n'ai jamais été aussi content et heureux, dans mes
« classes, que lorsque, le matin, j'ai prié avec ferveur à la
« chapelle. » Il continua à parler avec tant de force sur
le même sujet, que ses deux cousins finirent par partager
complètement sa conviction. Ils sont aujourd'hui dans un
des établissements contre lesquels ils ressentaient une si
vive répugnance, et sont heureux de pouvoir, tous les jours,
assister au saint Sacrifice de nos autels.

Personne, disait un autre jour Firmin à un de ses amis,
qui lui parlait de la peine qu'il éprouvait pour pratiquer la
vertu, personne ici-bas, à moins d'un privilége spécial ne
peut échapper à la tentation. Les plus grands saints ont eu
à combattre. J'ai lu un passage de saint Jérôme, où ce grand
docteur dit, en parlant de lui-même : *Je vivais dans le désert, je n'habitais qu'une vaste solitude, et n'avais pour
compagnons que des scorpions et des bêtes farouches. Je ne
cédais au sommeil que lorsque la fatigue m'accablait de
telle sorte qu'il m'était impossible de résister, et la terre
nue était le seul lit que j'offrais à mes os décharnés. Mon
visage était défiguré par un jeûne continuel. En un mot,
j'étais mort avant de mourir. Et toutefois le feu de mes*

passions qui existait toujours me dévorait avec la plus cruelle impétuosité ; et nuit et jour je portais dans mon sein la séduisante image des vanités romaines. « Voilà, mon « cher ami, les couleurs lugubres dont un des plus grands « saints de l'Eglise se sert pour peindre les agitations de son « âme. Nous ne sommes pas comme lui dans le désert, « nous n'épuisons pas notre corps par d'austères pénitences « et de jeûnes prolongés, il ne faut donc pas nous étonner « si l'esprit tentateur vient troubler notre repos. Mais nous « avons deux moyens pour vaincre ; si nous les mettons en « pratique, soyons sûrs d'obtenir toujours la victoire : le « premier est de veiller sur notre faiblesse afin de ne ja- « mais nous exposer volontairement et de fuir, au con- « traire, toute occasion de péché ; le second est de prier sans « cesse, mais surtout d'avoir une grande dévotion à la « Très-Sainte Vierge. J'ai été toujours étonné de la facilité « avec laquelle on chasse l'esprit de ténèbres par la seule « invocation du nom béni de MARIE, notre mère. »

Firmin, pour entretenir dans son âme, les sentiments de piété qu'il s'efforçait d'inspirer aux autres, avait pris l'heureuse habitude de consacrer, chaque jour, quelques heures à faire une lecture spirituelle.

Pendant un des derniers voyages qu'il fit à Toulouse, il se procura deux livres dans lesquels il espérait particulièrement trouver le véritable moyen d'avancer dans la voie de la perfection, et l'exemple des vertus qu'il voulait pratiquer lui-même, ces livres étaient : *L'Imitation de Jésus-Christ*, et la *Vie du Vénérable de la Salle*, écrite avec un goût si remarquable, par M. l'abbé Salvan. Chaque jour il lisait, pendant quelque temps, dans ces ouvrages et méditait en-

suite sur sa lecture. Il chercha surtout dans la vie du vénérable fondateur des frères des écoles chrétiennes, les sentiments de résignation chrétienne qui soutiennent les saints
au milieu des plus cruelles épreuves, et qui lui firent supporter à lui-même ses douleurs avec une admirable patience.
Il lut un jour le chapitre où il est parlé des mortifications
que pratiquait ce grand serviteur de Dieu. Depuis ce moment, Firmin défendit qu'on lui servît des mets particuliers
pour ses repas, et ne voulut manger qu'aux heures où ses
parents se mettraient eux-mêmes à table. « Que mange mon
« père ? disait-il chaque fois à la personne qui le soignait;
« vous me servirez du même plat dont il se sert lui-même. »
Une fois seulement il s'écarta de cette règle sévère qu'il
s'était tracée pour se mortifier; il demanda un mets qui
n'était point du nombre de ceux qu'on avait servis sur la
table, son père le fit préparer et le lui envoya. Firmin
éprouva un grand repentir d'avoir cédé à ce qu'il appelait
son immortification; il fit venir son père et lui dit : « J'ai
« témoigné le désir aujourd'hui de prendre pour ma nourri-
« ture autre chose que ce qui vous a été servi; il arrive sou-
« vent que dans les maladies, semblables à la mienne, on
« est plein de fantaisies et de caprices. Je prie Dieu qu'il
« me préserve de ce vilain défaut. Dorénavant je ne veux
« que ce qui m'est absolument nécessaire. Par conséquent,
« lorsque j'aurai encore la faiblesse de demander quelque
« chose d'inutile et de particulier, ne m'écoutez pas, je vous
« en prie, mon père; faites-moi servir seulement de ce qui
« sera sur la table. » Belle leçon donnée par un jeune
homme qui meurt à l'âge de vingt ans, à tant de personnes

qui s'honorent d'aimer et de pratiquer la vertu, et que néanmoins ni les attentions les plus délicates, ni les dévoû-
ments les plus généreux ne peuvent contenter quand elles
souffrent !

La reconnaissance de notre malade pour ses anciens professeurs augmenta avec l'admiration que lui inspiraient les
vertus du vénérable de la Salle. Oh! que de fois ne l'enten-
dit-on pas soupirer après le bonheur de voir des frères à
Labastide! « Dieu, disait-il, m'a donné un peu de for-
« tune; si je pouvais désirer de vivre, ce serait pour en
« disposer, et doter mon pays des frères des Écoles Chré-
« tiennes : j'aurais ainsi auprès de moi ceux qui furent les
« plus chers bienfaiteurs de mon enfance. »

L'*Imitation* était surtout le livre qu'il lisait avec bonheur.
Chaque chapitre, chaque verset, toutes les pensées de cet
ouvrage admirable étaient pour lui un sujet de continuelles
méditations; il en retenait par cœur les passages qui le frap-
paient le plus; il aimait à les redire souvent, afin de pénétrer
de plus en plus son esprit de l'importance des vérités qu'ils
renferment.

En dehors du temps consacré à la lecture, il récitait
chaque jour le Saint Rosaire. La couronne bénie de la Très-
Sainte-Vierge passait et repassait entre ses doits amaigris;
il ne se lassait point d'invoquer le nom de MARIE; la répéti-
tion de la même prière loin de diminuer sa ferveur semblait
l'augmenter; il ne paraissait jamais plus heureux que lorsque
sa tante, qui du reste se prêtait avec une admirable facilité à
tous les pieux désirs de son neveu, s'agenouillait auprès du
lit, et répondait, pour la deuxième ou troisième fois, chaque
jour, à toutes les prières du Rosaire.

Firmin conserva jusqu'à la mort ces pratiques pieuses; son temps se partagea toujours entre la prière, la méditation, la lecture et de courtes conversations sur des sujets religieux. Lorsqu'il fut trop faible pour se lever et que ses mains se refusèrent à soutenir les livres où il puisait les pensées chrétiens qui ranimaient son courage et soutenaient sa patience, il pria les personnes qui l'entouraient de les tenir ouverts devant lui pour qu'il ne fût point obligé d'interrompre les lectures spirituelles, telles qu'il avait la coutume de les faire, c'est-à-dire, en les entremêlant de pieuses et utiles réflexions.

VII.

Il y a dans l'Église, indépendamment de la prière, une autre source abondante des faveurs spirituelles, que Dieu se plaît à répandre sur tous ceux qui les demandent avec confiance et ferveur; c'est celle que l'on trouve dans la pratique des sacrements de Pénitence et d'Eucharistie. L'âme qui ne communie point se prive volontairement de la nourriture qui lui est propre; elle doit nécessairement languir et se perdre. *On ne peut, en effet,* dit Fénélon, *vivre spirituellement, qu'autant qu'on se nourrit par la communion* (1). Voilà pourquoi saint Vincent de Paul nous dit que *les grâces de la communion sont les arrhes de la vie éternelle* (2).

(1) *Lettres sur la Communion.*
(2) *Maximes et Conseils.*

Firmin le savait; aussi aimait-il à s'approcher du banquet divin, à recevoir dans son âme le pain céléste qui donne la vie. C'est ce qui lui fit plusieurs fois entreprendre, après sa sortie du Pensionnat, le voyage de Toulouse.

Il vint une fois dans cette ville, malgré d'horribles souffrances qui ne lui laissaient pas un instant de repos; le mois précédent il avait fait le même voyage quoiqu'il fut aussi dans un grand état de faiblesse. Sa pieuse sœur, qui ne l'attendait point, parut surprise en recevant sa visite. Firmin s'en aperçut, et lui dit : « Tu sais, ma sœur, qu'en quittant « Toulouse, je n'ai point quitté le confesseur qui y dirigeait « ma concience. M. l'abbé Salvan a un esprit si élévé, « une si grande prudence, il porte à la jeunesse un amour « si dévoué, que je ne puis trop me féliciter de lui avoir « donné ma confiance. Si je viens souvent à Toulouse, ce « n'est que pour lui ouvrir mon cœur et lui demander la « grâce qui régénère les chrétiens. Cette fois, je suis venu « plus tôt qu'à l'ordinaire parce que je souffre beaucoup; je « sens mon âme qui s'affaiblit; j'ai besoin de la nourrir du « pain des forts par la communion. »

Firmin par ces paroles nous donne le secret de sa vertu; il nous fait connaître le moyen qu'il prenait pour persévérer dans le bien et ne point se laisser abattre par les douleurs. C'est dans les sacrements de Pénitence et d'Eucharistie qu'il puisait des forces pour se soutenir dans la piété.

Lorsqu'il allait à Toulouse, il rendait aussi toujours visite à ses anciens professeurs, au Pensionnat Saint-Joseph, et à ses amis; il passait avec eux des heures entières, jouissant du bonheur de les voir et des charmes de leurs conversations. Quand on lui parlait des succès obtenus depuis son départ par ses anciens compagnons d'étude, il ne pouvait ordinairement maîtriser son émotion ; ses larmes trahissaient chaque fois la grandeur des regrets qui déchiraient son âme. Il se rappelait, lui aussi, l'époque heureuse où il combattait dans la pacifique arène où ses amis continuaient à se disputer de nouvelles victoires ; de glorieux succès avaient autrefois couronné ses efforts ; c'était avec douleur qu'il se voyait forcé à renoncer même à l'espérance de voir encore ceindre son front des couronnes du talent et de la vertu.

Pendant le mois d'août, en 1854, il revint une dernière fois encore à Toulouse pour recevoir les sacrements. Son corps n'était plus qu'un squelette ambulant que le moindre souffle devait renverser ; la maladie avait fait en peu de jours d'effrayants progrès. Firmin se fit porter en voiture à ce Pensionnat chéri qui lui rappelait tant de pieux souvenirs. Il revit encore M. l'abbé Salvan, et fut ensuite à Pibrac, prier au tombeau vénéré de la Bienheureuse Gemaine et recevoir, dans son cœur, le Dieu qui donna tant de force et de résignation à cette humble Bergère, pendant les cruelles épreuves qu'elle eut à subir, avant sa mort. Firmin se sentit plus heureux en revenant de ce pélerinage ; il prit de nouveau congé de ses professeurs et de ses condisciples qu'il ne devait, hélas! plus revoir ; il repartit pour Labastide avec cette joie, mêlée d'une vague tristesse, que l'on éprouve lorsque, ayant le pressentiment de sa mort prochaine, on s'acquitte de tous les devoirs pieux que prescrit la conscience, et que l'on dit un dernier adieu aux amis qui restent encore sur le rivage d'où l'on s'éloigne pour toujours!...

VIII.

Firmin vécut encore quelque temps à Labastide; l'amour
d'un père et le dévoûment généreux d'une tante qui aimait
le malade comme son enfant, et était venue de Toulouse
pour lui prodiguer les soins délicats et attentifs que l'on
peut attendre d'une mère, rendirent ses souffrances moins
insupportables et retardèrent, peut-être, l'instant de sa mort ;
car la joie du cœur est la vie de l'homme, dit le Sage (1);
c'est elle qui prolonge ses jours. La faiblesse de Firmin
néanmoins devint plus grande, bientôt il lui fut impossible
de chercher des nouvelles distractions dans les promenades
qu'il faisait ordinairement à la campagne; il ne quitta plus
sa maison, si ce n'est pour aller quelque fois encore à l'é-
glise où il aimait à se recueillir devant Dieu. Bientôt même

(1) Eccl. xxx, 23.

il lui fallut renoncer à cet exercice, et se résigner à ne plus quitter sa chambre. Il trouva néanmoins toujours dans le calme de sa conscience et son assiduité à la prière le bonheur qu'il allait auparavant chercher au pied des autels ; il unit ses souffrances aux souffrances de Jésus-Christ sur la croix, et sut, par sa patience, acquérir de plus grands mérites pour le ciel. Le Seigneur le combla aussi de consolations intérieures, mais ces consolations n'éveillèrent aucun aucun sentiment de présomption dans son âme. Il eut toujours, au contraire, une juste idée de la rigueur des jugements de Dieu, et si, en s'approchant de son heure dernière, il se berçait dans la douce espérance de jouir du bonheur des saints, il éprouvait aussi ces sentiments de crainte qui ont fait trembler tant d'âmes justes au moment de paraître devant le souverain juge. Les personnes qui lui prodiguaient leurs soins à son lit de mort et son respectable confesseur, lui-même, assurent que sa confiance n'était fondée que sur la miséricorde infinie de Dieu et sur la douce espérance que lui donnait le titre d'ENFANT DE MARIE, qui lui était si cher.

Voici d'ailleurs comme s'exprime le malade, dans une lettre qu'il écrivit, peu de jours avant d'expirer, au directeur de la Congrégation du Très-Saint-Cœur-de-Marie ; on y verra toute la noble candeur et la piété de son âme, peintes par lui-même : « Vous me citez, mon cher frère, ces pa-
« roles de l'Ecriture-Sainte : *le Seigneur vous éprouve,*
« *afin que l'on connaisse si vous l'aimez.* (1), et vous
« me demandez comment Dieu me traite au milieu de
« mes douleurs. Hélas ! c'est avec beaucoup trop d'indul-

(1) Deut. III.

« gence que je ne le mérite, car les souffrances que j'en-
« dure sont bien loin de faire tomber la balance de ce que
« j'ai mérité par mes infidélités. Mais je compte sur l'in-
« finie miséricorde de celui qui mourut pour nous sur la
« croix et sur l'intercession puissante de MARIE, notre si
« miséricordieuse mère. Je pense que les prières que vous
« avez la bonté de lui adresser pour moi, ne seront pas
« sans fruits. Telle et la confiance que j'ai à toutes ces
« prières que vous et mes bons confrères faites pour votre
« pauvre Firmin, à cette Vierge Immaculée, que je ne doute
« nullement qu'elle ne vienne à mon secours pour m'aider
« à supporter les souffrances qu'il plaît au Ciel de m'envoyer ;
« oui ! c'est elle qui me donnera la patience et la résigna-
« tion dont j'ai besoin.

« Mes très-chers frères et amis du Pensionnat Saint-
« Joseph, permettez-moi de solliciter une fois de plus le
« suffrage de vos bonnes prières ; croyez que j'en ai besoin.
« Priez aussi pour mon pauvre père ; obtenez-lui la force
« de supporter les fatigues continuelles que lui donnent les
« soins qu'il me prodigue.

« Voilà bientôt deux mois que l'on me veille nuit et jour,
« un mois qu'à peine je puis rester une heure ou deux
« levé, et cela seulement deux jours dans la semaine.
« La vie semble me quitter ; tous les jours je deviens plus
« faible.

« Enfin, que la volonté de Dieu soit faite !... et qu'il lui
« plaise de faire de moi tout ce qu'il voudra. S'il est arrêté
« que je doive quitter la terre, qui est si pleine de décep-
« tions et de souffrances ; si le Seigneur veut m'accorder la

« grâce de m'appeler à lui et de me placer dans le Ciel,
« où il n'y a que contentement et bonheur. Oh! alors,
« dégagé de toutes les misères d'ici-bas, je ne manquerai
« pas de me souvenir de toutes les personnes qui se sou-
« viennent de moi dans leurs prières ; je prierai, je supplierai
« notre Mère commune, de nous réunir tous, chers profes-
« seurs et pieux congréganistes, dans son sein, où nos amitiés
« seront éternelles, et où nous goûterons enfin les jouissances
« promises aux véritables enfants de MARIE. »

IX.

Dieu, avant de retirer ce vertueux jeune homme de ce monde, voulut lui faire boire, jusqu'à la lie, le calice d'amertume qu'il prépare, dans son infinie miséricorde, à ses serviteurs bien-aimés. *Les douleurs les plus insupportables,* en effet, selon l'expression même des Livres Saints (1), *ce sont les chagrins du cœur.* Firmin, depuis sa maladie, ne les avait point éprouvées encore; au milieu des cruelles souffrances qu'il endurait, il paraissait heureux, parce que son âme était calme et résignée. C'est dans la bonté si noble et la sensibilité délicate qui le distinguaient, qu'il trouva la cause des épreuves qui rendirent quelques-uns de ses derniers jours

(1) Eccli. xxv, 18.

malheureux et tristes, mais qui furent en même temps l'heureux présage des récompenses que le Seigneur lui destinait dans l'autre vie.

Lorsqu'il lui fut impossible, à cause de ses douleurs, qui augmentaient sans cesse, de venir se confesser à Toulouse, il s'adressa à un jeune vicaire de Labastide-d'Anjou, qui mérita bientôt, par son esprit et son amabilité, la confiance et même l'amitié de son nouveau pénitent. Ce prêtre fut changé, lorsque le malade paraissait le plus avoir besoin du secours de son ministère et de ses encouragements. Firmin fut vivement contrarié de ce départ. Il ne restait dans la paroisse que M. Gayraud, curé, auquel il put se confesser. M. le Curé est un ecclésiastique remarquable par ses talents, sa piété et les qualités sociales qui le distinguent, mais par un de ces mystères nombreux et si incomphéhensibles du cœur humain, notre malade avait toujours éprouvé une invincible répugnance à ouvrir son cœur à ce prêtre respectable, que, du reste, il estimait beaucoup, mais qu'il ne croyait point être l'homme destiné à le diriger dans le bien. Il resta donc quelques jours sans recevoir les sacrements de Pénitence et d'Eucharistie ; son père ne voulut point qu'il arrivât au moment suprême de la mort, privé des puissants secours que l'on trouve dans la fréquente communion ; il l'engagea en conséquence à faire venir M. le Curé. « Je vous remercie de votre attention, lui « dit Firmin ; vous avez prévenu mes désirs : j'avais déjà « songé à vous prier de m'envoyer ce bon M. Gayraud ; ne « le faites pas aujourd'hui parce que c'est trop tard ; demain « je le verrai avec bonheur. » M. le Curé, dès qu'il fut averti, se hâta de se rendre, le lendemain, auprès du malade.

Il se montra si affectueux dans ses manières, il fut si pathétique et si gracieux dans ses paroles, que Firmin lui ouvrit aussitôt son cœur avec une entière confiance; après avoir reçu la sainte absolution, il ne put s'empêcher d'exprimer hautement sa reconnaissance au Seigneur et de le remercier de lui avoir réservé, pour ses derniers moments, un confesseur aussi prudent et aussi éclairé. M. Gayraud porta à son pénitent le livre de *La préparation à la mort*. Firmin déjà complètement résigné au sacrifice qu'il devait faire de sa vie, se fit lire ce nouvel ouvrage par sa tante; il en écouta chaque fois la lecture avec une touchante piété et s'efforça de s'approprier les sentiments religieux qui y sont exprimés. Depuis, M. le Curé fut souvent le voir; il employait le temps de ses visites à commenter le livre précieux qu'il avait offert au malade ou à y ajouter des réflexions nouvelles qui étaient toujours écoutées avec recueillement et le désir sincère de les mettre en pratique.

Firmin jouissait déjà du bonheur d'avoir triomphé de la répugnance naturelle qui l'avait empêché jusqu'alors de donner sa confiance à M. l'abbé Gayraud, quand le souvenir de l'amour que lui témoignait son père vint attrister son âme. Il resta quelques jours sans en parler à personne, mais il était facile de s'apercevoir dans ses yeux et les contractions de son visage qu'une chose manquait encore à son bonheur. Le 30 mars, jour de la Compassion de la Très-Sainte-Vierge, il tomba dans un état désespérant de faiblesse; ses parents crurent qu'il allait expirer. M. le Curé lui porta le saint Viatique, et lui administra le sacrement de l'Extrême-Onction. Les soins empressés qu'on prodigua au malade lui rendirent cependant un peu de force.

Le lendemain il se trouva mieux, mais le trouble qui l'avait agité la veille durait encore. Le malade profita du moment de répit que lui donnait le mal, pour dissiper ce trouble, en remplissant le dernier devoir de piété filiale que lui inspirait son cœur affectueux. Il appela son père auprès de lui, le prit par la main et le regarda quelque temps en silence; ses larmes seules annonçaient qu'il avait quelque chose de pénible à dire. « Tu parais triste, mon enfant, lui dit enfin le « père; as-tu quelque chose à me communiquer? Te man-« que-t-il quelque remède, ou n'es-tu pas content des soins « qu'on a pour toi? — Rien ne me manque, répondit le « malade; si j'avais à me plaindre ce serait de ce qu'on se « donne trop de peines et de fatigues pour soigner un corps « qui bientôt sera la pâture des vers. — Est-ce donc le « regret de quitter la terre qui te donne cet air soucieux! — « Oh! non, mon cher père; je suis heureux au contraire de « mourir. Dieu m'est témoin que mon cœur n'est attaché « à rien dans ce monde, mais je ne puis songer sans dou-« leur à la peine que, vous, qui m'aimez tant, allez éprouver « après ma mort. Voilà le tourment qui déchire mon âme « et me fait craindre l'approche de la mort. Hélas, je vais vous « laisser seul, mon bon et tendre père, dans peu de jours « vos yeux chercheront en vain dans la maison votre pau-« vre Firmin; vous n'y trouverez que le souvenir de votre « enfant et le regret de ne plus le posséder, et cette pensée « me jette dans une profonde tristesse. » M. Moulet ne s'atten-dait point à recevoir une pareille preuve de l'affection filiale et de la reconnaissance de son fils; il en fut touché jusqu'aux larmes: « Ne vous désolez pas, mon père, ajouta Firmin d'une « voix douce et calme; demandez au Seigneur la force de sup-

« porter patiemment notre séparation ; elle ne sera pas
« longue. Je quitte la région des orages ; je vais arriver au
« port quelques heures avant vous, mais je vous y attendrai ;
« vous m'y rejoindrez bientôt, et notre union sera éternelle. »
M. Moulet, animé des plus nobles sentiments chrétiens,
fut frappé de la parfaite résignation de son fils, les larmes
qu'il versait encore étaient plutôt des larmes d'admiration
que de regret. « Sois tranquille, mon bien cher enfant, lui
« dit-il, ne pleure plus à cause de moi. Monte au ciel, où
« t'appellent ta patience héroïque et ton amour pour ton
« père. Quand tu seras auprès de Dieu, prie pour nous. Ta
« noble et sainte résignation me donne la force de supporter
« mes épreuves avec courage. — Oui, reprit le malade
« consolé par ces paroles. Oh ! oui, je prierai pour vous,
« mon excellent père, pour ma sœur que je voudrais voir
« encore, mais qui ne cesse d'adresser des vœux pour moi à
« la Très-Sainte Vierge ; je prierai pour ma bonne tante à
« laquelle je dois tant de reconnaissance, pour mes parents,
« mes maîtres, mes amis. Ah ! dites-leur, à tous, que je
« n'oublierai devant Dieu aucun de ceux qui me sont chers
« et qui m'ont fait du bien sur la terre !... »

X

Firmin avait brisé le dernier lien qui pouvait encore le retenir au monde. Il retrouva dès-lors la paix de l'âme et cette joie céleste qu'éprouve une âme pure, après avoir généreusement sacrifié à Dieu les affections les plus chères du cœur. Il se recueillit plus que jamais en lui-même, et trouva dans le silence des passions et l'éloignement des pensées terrestres une solitude profonde où il se plaisait à ne contempler que les choses de Dieu et de l'éternité. Si quelquefois encore sa voix se faisait entendre, ce n'était plus que pour prier, pour s'élever en esprit au Ciel, par d'ardentes aspirations empruntées à l'Écriture Sainte ou inspirées par le vif désir de s'unir bientôt à Dieu pour toujours, et la douce espérance que le chrétien puise dans les mérites infinis de Jésus-Christ : *C'est en vous seul, ô mon Dieu,* disait ordinairement ce fervent jeune homme, avec le prophète (1), *C'est en vous seul que j'ai mis mon bonheur; je n'espère qu'en vous.* « O mon Jésus, ajoutait-il souvent, « je souffre « bien peu en comparaison des souffrances horribles que « vous avez endurées au Calvaire ; mais, si faibles que soient « mes douleurs, je les unis aux vôtres; ayez pitié de moi; « j'espère en votre miséricorde. »

(1) Ps. 72.

C'était surtout la Très-Sainte Vierge que Firmin aimait à invoquer. Depuis le berceau il l'avait eue pour patronne; il avait toujours placé en elle sa confiance ; c'est de sa bonté qu'il attendait les secours les plus directs pendant sa maladie : « Bonne mère, ô Marie, disait-il sans cesse, je suis votre « enfant; vous avez promis que vos enfants ne périraient « pas, toujours vous m'avez comblé de faveurs célestes. Ah! « venez à mon aide en ce moment. Faites, ô Vierge misé- « ricordieuse, que j'expire entre vos bras protecteurs. Pre- « nez-moi avec vous au Ciel, et que j'y trouve une place « parmi les bien-aimés enfants de votre cœur immaculé !..»

Un de ses professeurs lui envoya, vers cette époque, un morceau du voile de la Très-Sainte Vierge. Firmin ne trouva aucune expression capable de témoigner sa reconnaissance. Jamais il n'avait ressenti une joie plus grande que celle qu'il éprouva en recevant cette relique précieuse ; il la baisa plusieurs fois avec respect et l'arrosa de ses larmes. Il con- servait aussi avec soin la gravure qui lui fut donnée en sou- venir de sa réception dans la Congrégation du Très-Saint- Cœur-de-Marie; il fit placer cette gravure ainsi que la reli- que devant lui, en sorte qu'il pût y tenir constamment ses regards attachés. Ces deux objets de dévotion, en augmen- tant sa confiance et son amour pour la prière, l'unirent plus intimément à Dieu.

Lorsqu'il ne put parler davantage, il prouva encore par le mouvement de ses lèvres qu'il priait toujours, et ses yeux fixés sur l'image vénéré de MARIE, indiquèrent qu'il ne vivait déjà plus de la vie de ce monde, et que sa dernière pensée comme son dernier vœu devaient se rapporter à l'auguste reine des Anges qu'il avait choisie pour sa mère. Il vécut ainsi jusqu'au mardi de la Semaine-Sainte, toujours absorbé dans la pensée de son éternité, et se berçant dans la douce espérance que donne au chrétien la dévotion filiale à la Très-Sainte Vierge. Ce jour devait être le dernier de sa vie; celui où il allait, dans le Ciel, recevoir la couronne promise à ceux qui combattent vaillamment, jusqu'à la fin, les combats du Seigneur. Vers trois heures du soir, il parut vouloir se soulever un peu comme pour aller à la rencontre d'un ami dont on est séparé depuis longtemps et que l'on désire revoir; son père qui ne le quittait plus, le soutint dans ses bras. Le malade tendit les mains vers l'image de la Très-Sainte Vierge, un sourire inexprimable se peignit sur ses lèvres, et il expira sans aucune des contractions nerveuses qui souvent précèdent ce moment suprême de la mort.

Voici la manière dont M. le Curé de Labastide d'Anjou raconte lui-même les détails de cette mort, dans une lettre adressée à l'un des professeurs du Pensionnat Saint-Joseph. Les paroles qu'on va lire sont celles d'un respectable ecclésiastique qui était confesseur du malade; elles feront mieux apprécier que tout ce que nous pourrions dire, la piété éclairée et les qualités précieuses de Firmin.

« Je suis chargé de la bien douloureuse mission de vous
« faire part de la mort toute angélique de notre bien cher
« et bien aimé Firmin.

« Après de bien longues et pénibles épreuves, Dieu vient
« de l'appeler à lui, aujourd'hui, 2 avril, à trois heures de
« l'après-midi. Je n'ai pas eu le bonheur de lui fermer les
« yeux, faveur bien regrettable pour moi; ce n'est pas que
« ma présence dans ce moment si solennel eût pu rien
« ajouter aux dispositions saintes par lesquelles il a préludé
« avec tant de force et d'édification à son entrée dans le

« Ciel, mais j'aurais bien voulu l'entretenir jusqu'à la der-
« nière heure des joies de la bienheureuse éternité. La mort
« de M. Firmin a bien été la mort des justes, et on peut dire
« de lui en toute vérité qu'il s'est endormi dans le Seigneur.
« Du reste, il ne pouvait en être autrement, car j'avais pu,
« presque tous les jours, lui parler sans crainte et à cœur
« ouvert de son prochain départ pour l'éternité bienheureuse,
« et lui faire comprendre qu'il devait considérer les diverses
« haltes que Dieu lui ménageait sur le chemin de la mort,
« comme autant de moyens d'expier facilement ses fau-
« tes et de se rendre plus digne du bonheur du Ciel. L'ab-
« négation et le détachement absolu de toutes les affections
« des choses d'ici-bas dont il a donné l'exemple, nous ont
« édifié jusqu'au dernier moment, et il ne nous laisse d'autres
« regrets que ceux d'être privés à tout jamais des beaux
« exemples de la patience qu'il a su puiser avec tant d'a-
« mour dans la fréquente communion à laquelle, depuis
« deux mois surtout, je l'avais admis. Sa dernière commu-
« nion a été vendredi dernier, jour de la Compassion de la
« Vierge, notre bonne et sainte mère.

« Quelque prévue que fût cette mort, elle n'en a pas
« été moins sensible à M. Moulet, que la perte de son fils
« laisse dans un isolement des plus désolants ; mais, grâces
« au sentiment de cette foi vive et pratique dont il nous
« donne le consolant spectacle, il supportera ce nouveau
« sacrifice, ajouté à tant d'autres, avec cette force d'âme
« qui le distingue et qui ne peut venir que de la Reli-
« gion....... »

Gayraud, curé.

Quel éloge admirable dans la bouche d'un prêtre, d'un
confesseur ! Et cependant Firmin n'avait rien fait d'extraor-

dinaire ; il n'avait que souffert. Mais sa patience avait édifié tout le monde ; on était ravi de voir un jeune homme de vingt ans faire avec bonheur le sacrifice de la vie, descendre dans la tombe sans regretter aucun des plaisirs séduisants et trompeurs dont s'enivrent ordinairement les hommes, et ne faisant entendre, au milieu des plus cruelles douleurs, qu'une seule parole : « Mon Dieu, que votre « volonté soit faite ; soyez mille fois loué de ce que « vous m'avez jugé digne de souffrir quelque chose pour « Celui qui mourut pour moi sur la croix. » Déjà l'on se plaisait même à le nommer du beau nom de *Louis de Gonzague*, tant était grande l'idée que tous avaient de son innocence.

C'est ce qu'explique l'empressement avec lequel chacun voulut assister à ses obsèques, et les honneurs funèbres que l'on rendit à ses restes mortels. Le temps était affreux, la pluie tombait en abondance lorsque l'enterrement eut lieu, et néanmoins tous les habitants de Labastide, excepté les infirmes et ceux qui, à cause de la faiblesse de leur âge, ne pouvaient se conduire eux-mêmes, se rendirent aux funérailles du pieux défunt. Un drap blanc et une couronne de roses de la même couleur furent placés sur la bière. Les amis de Firmin portaient le poële qui sert ordinairement aux funérailles des vierges. Les jeunes gens, placés sur deux rangs, tenaient un cierge d'une main, une couronne verte de l'autre. Les membres de l'excellente Société de Saint-Jean, dont Frmin faisait partie, les deux écoles de Labastide, et les habitants de conditions diverses formaient avec eux le cortége ; tous portaient sur leurs traits le signe d'une profonde tristesse ; on aurait dit, en les voyant, que chacun d'eux avait perdu un frère, un ami !....

Quand le corps fut descendu dans la terre, et que les

dernières prières furent faites par le prêtre agenouillé et les assistants, le cortége se remit en marche pour aller de nouveau à l'église. M. le Curé aurait bien désiré adresser à ses paroissiens un discours sur la tombe encore ouverte de Firmin, mais la pluie continuait toujours à tomber avec force; il fallut quitter le cimetière. On revint à l'église dans le même ordre et avec le même recueillement que l'on s'était rendu à la demeure des morts. M. le Curé, avant de se séparer des personnes qui avaient fait partie du cortége, monta en chaire, et leur adressa quelques paroles pathétiques, inspirées par la circonstance; ce zélé pasteur parla de la mort précieuse de ceux qui meurent dans le Seigneur ; il fit entrer avec beaucoup d'art l'éloge de Firmin dans son sujet, loua surtout, dans ce jeune homme, le détachement parfait des gloires et des richesses de ce monde, sa confiance en Dieu, son entière résignation à la volonté adorable de ce Maître souverain, et sa dévotion à MARIE qu'il nomma toujours du doux nom de Mère, et pour laquelle il conserva jusqu'à la mort une tendresse si affectueuse et si filiale. En finissant, l'orateur s'adressa directement à M. Moulet, et lui dit avec l'accent que donne une vive confiance : « Réjouissez-vous, ô heureux « père de cet enfant vraiment chrétien; réjouissez-vous, « car vous pouvez vous écrier avec un saint orgueil : Mon « fils fut un ange sur la terre; maintenant, du haut des « Cieux, il m'indique la voie que je dois suivre moi-même « pour me sauver. C'est votre fils lui-même qui, dans ce jour « de son triomphe, vous commande de sécher vos larmes « Entendez-le vous dire avec cette affection si tendre qu'il « vous a toujours temoignée : Ne pleurez plus sur moi, ô « mon père, je suis dans le sein de la gloire; tous mes

« maux sont finis à jamais ; je jouis de la vision intuitive
« de Dieu. Ah ! séchez donc vos larmes ; au lieu de me
« plaindre, réjouissez-vous et travaillez à mériter l'éternelle
« récompense qui m'est accordée. Notre union alors n'aura
« plus de fin ; nous n'aurons plus à craindre ni les pleurs,
« ni les regrets d'une triste séparation. »

Tout l'auditoire, en écoutant ce discours, versait des larmes d'attendrissement et d'admiration. Lorsque M. le Curé eut fini de parler, il récita le *De profundis* ; les nombreux assistants s'unirent à lui ; et tous psalmodièrent avec ferveur cette touchante prière du prophète royal, pour implorer une fois encore sur Firmin, les miséricordes du Seigneur.

Chacun se retira ensuite profondément ému. On n'entendait sortir de toutes les bouches que ces consolantes paroles : « Qu'il est beau, quand on a pratiqué la vertu, de « mourir à vingt ans ! Nous avons porté le corps d'un saint « dans le séjour du repos. C'est un ange qui s'est envolé « au Ciel !..... »

∗ ∗ ∗

Épitaphe gravée sur la tombe de Firmin :

CI-GIT

FIRMIN MOULET,

Mort le 22 Avril 1855, agé de 24 ans.

Bon fils, sincère ami, bienfaiteur généreux,
Firmin apprit du Ciel le talent de nous plaire.
Son nom partout encore est béni dans ces lieux ;
Mais ses vertus, hélas ! n'étaient point pour la terre ;
Et cet ange si pur a pris sa place aux Cieux !